बोलती ख़ामोशी

शुभम् साहू

Copyright © shubham sahu
All Rights Reserved.

This book has been published with all efforts taken to make the material error-free after the consent of the author. However, the author and the publisher do not assume and hereby disclaim any liability to any party for any loss, damage, or disruption caused by errors or omissions, whether such errors or omissions result from negligence, accident, or any other cause.

While every effort has been made to avoid any mistake or omission, this publication is being sold on the condition and understanding that neither the author nor the publishers or printers would be liable in any manner to any person by reason of any mistake or omission in this publication or for any action taken or omitted to be taken or advice rendered or accepted on the basis of this work. For any defect in printing or binding the publishers will be liable only to replace the defective copy by another copy of this work then available.

About author::

किताब को लिखने वाले कोई लेखक नहीं है। लेखक को लिखने का बचपन का शौक था उन्होंने बचपन में कुछ कविताएं, कहानियां लिखी बाद में उन्हें शायरी का रूप दे दिया उन्होंने जेईई मेंस भी क्लियर की बाद में उनके घरेलू समस्या के चलते उन्होंने कॉलेज नहीं लिया और बी. ए. करने लगे । लेखक राजस्थान में झालावाड़ जिले के अकलेरा से है उनकी वहा एक दुकान भी है : मधु श्री कलेक्शन नाम से

अगर आपको शायरी अच्छी लगे तो हमे नीचे दिए नंबर पर msg whatsapp or Gmail krke btaye.

Mob.: 9785584767

Gmail: shubhamsahu4767@gmail.com

Instagram: shayri_unke_liye

About book:

किताब में 300 से अधिक शायरियों का संग्रह है।

यह किताब अलग अलग भागो में रुचिकर तरीके से विभक्त है। लेखक ने इसमें अपनी जिंदगी और लोगो के रूखेपन को देखकर इश्क़ मोहब्बत और तन्हाई जैसे मुद्दों पर बहुत ही सुंदर ढंग से शायरीयों में लिखा है। ये किताब बेवफ़ाई ,अपनो का रूखापन और लेखक के ख्वाबों की एक विचित्र किन्तु रुचिकर शायरी से भरपूर है। ये शायरियां बहुत ही सरल हिंदी उर्दू में लिखी गई है। इनकी शायरियों की रोचक बात यही है कि इनको पढ़ने वाले को अपनी जिंदगी के बहुत पहलूं याद आ जाते है।

क्रम-सूची

1. शायरी उनके लिए... 1
2. शायरी उनके लिए... 2
3. शायरी उनके लिए... 3
4. शायरी उनके लिए... 4
5. शायरी उनके लिए... 5
6. शायरी उनके लिए... 6
7. शायरी उनके लिए... 7
8. शायरी उनके लिए... 8
9. शायरी उनके लिए... 9
10. शायरी उनके लिए... 10
11. शायरी उनके लिए... 11
12. शायरी उनके लिए... 12
13. शायरी उनके लिए... 13
14. शायरी उनके लिए... 14
15. शायरी उनके लिए... 15
16. शायरी उनके लिए... 16
17. शायरी उनके लिए... 17
18. शायरी उनके लिए... 18
19. शायरी उनके लिए... 19
20. शायरी उनके लिए... 20
21. शायरी उनके लिए... 21
22. शायरी उनके लिए... 22

क्रम-सूची

23. शायरी उनके लिए... — 24
24. अधूरी ख्वाहिशें.... — 26
25. अधूरी ख्वाहिशें.... — 28
26. अधूरी ख्वाहिशें.... — 29
27. अधूरी ख्वाहिशें.... — 30
28. अधूरी ख्वाहिशें.... — 31
29. अधूरी ख्वाहिशें.... — 32
30. अधूरी ख्वाहिशें.... — 34
31. अधूरी ख्वाहिशें.... — 35
32. अधूरी ख्वाहिशें.... — 36
33. इश्क़ लफ़्ज़ों में... — 38
34. इश्क़ लफ़्ज़ों में... — 40
35. इश्क़ लफ़्ज़ों में... — 41
36. इश्क़ लफ़्ज़ों में... — 42
37. इश्क़ लफ़्ज़ों में... — 43
38. इश्क़ लफ़्ज़ों में... — 44
39. इश्क़ लफ़्ज़ों में... — 45
40. इश्क़ लफ़्ज़ों में... — 46
41. इश्क़ लफ़्ज़ों में... — 47
42. इश्क़ लफ़्ज़ों में... — 48

1. शायरी उनके लिए...

अच्छा है मुझे किसी की याद नहीं आती,
वरना रातें गुज़र जाती वरना नींद नहीं आती..!!
 - शुभम्
*

काफ़ी कुछ बता दिया मैने अपनी कहानी में,
लेकिन सबकुछ छुपाए बैठा हूं मैं अब भी...!!
 - शुभम्
*

रिश्तों की कतारें बहुत लंबी थी,
हम कहा खो गए पता ही नहीं चला..!!
 - शुभम्
*

कलम ने लिखने से इंकार कर दिया,
नाम जब मैने तेरे इश्क़ का लिया...!!
 - शुभम्
*

2. शायरी उनके लिए...

लब्जों में क्या सिकायत करूं,
कुछ अपने ही थे जो छोड़ गए...!!
 - शुभम्
*

तुम्हें इस कदर भुला दिया,
मुझे "मैं" भी नहीं मिलता...!!
 - शुभम्
*

देखकर उनके बचपन को,
अपना बचपन याद आया...!!
 - शुभम्
*

गुमनाम रहना ही ठीक है यहां,
नाम से तो यूं ही बदनाम है लोग..!!
 - शुभम्
*

3. शायरी उनके लिए...

ऐ ज़िन्दगी तू निराश ना हो,
मैं अब भी तुम्हारे साथ हूं..!!
 - शुभम्

*

श्याम! राधा संग तो खेल चुके हो,
मीरा संग भी खेलो होली..!!
 - शुभम्

*

मशहूर है वो शहर में,
जिसने कहा था मुझे इश्क़ नहीं आता..!!
 - शुभम्

*

अब तो तन्हाई ने भी कह दिया
मुझसे कर को मोहब्बत मैं तो बेवफ़ा नहीं..!!
 - शुभम्

*

4. शायरी उनके लिए...

इजहार-ए-मोहब्बत में इकरार करना भूल गए,
हमें उनसे इश्क़ हुआ वो प्यार करना भूल गए..!!
 - शुभम्
*

साहिल पर बेरंग बैठे थे,
ख़ामोश से....
        वो आए और हमे रंग लगा गए..!!
 - शुभम्
*

नहीं समझ सका कोई शख़्स मेरी रूह को,
सभी को जिस्म की तलाश थी...!!
 - शुभम्
*

सुनो! तुम मुझमें कहीं पर छुप जाओ,
मैं फिर से तुम्हे तलाशुंगा..!!
 - शुभम्
*

5. शायरी उनके लिए...

उन्हें हमसे नफरत थी,
वो इश्क़ करते पकड़े गए..!!
 - शुभम्
*
मेरा शौक नहीं था खुदा तेरे लिखाफ जाना,
पर मुझमें ये एब तेरी कुदरत ने दी है..!!
 - शुभम्
*
मेरे जनाजे के पीछे मत आना,
तुम्हे देखकर कहीं में जी ना उठू..!!
 - शुभम्
*
इतने करीब आकर छोड़ा मुझे,
जैसे मौत पास से गुजरी हो..!!
 - शुभम्
***

6. शायरी उनके लिए...

7. शायरी उनके लिए...

बरसों से इंतज़ार था जिसका,
उस दिन भी तन्हा रहे..!!
 - शुभम्
*

इश्क़ सच्चा था,
धोखा लाज़मी..!!
 - शुभम्
*

बरसों बाद टकराए हमसे,
वो अंजाने से जान पड़े..!!
 - शुभम्
*

हम भी खेल लेते होली,
अगर थोड़ा रंग तुम लगा देते...!!
 - शुभम्
*

8. शायरी उनके लिए...

जब भी मिलते है खुद से,
खुद को तन्हा पाते है..!!
 - शुभम्
*

तुम्हारे साथ बिताए वो लम्हें,
उफ्फ क्या तालुकात थे वो..!!
 - शुभम्
*

तुमको कैसे संभालूं,
मुझसे "मैं" नहीं संभालता..!!
 - शुभम्
*

मोहब्बत की दहलीज पर बैठकर,
मैने भी इश्क़ लड़ाया है..!!
 - शुभम्
*

9. शायरी उनके लिए...

रास्ता इतना लंबा था,
वो चलते चलते गुज़र गए..!!
 - शुभम्
*

समुद्र सी हो गई है ख्वाहिशें,
जिनका कोई अंत नहीं...!!
 - शुभम्
*

भगवान को भी मैने आइना दिखाया,
जब पूछा उन्होंने तुम्हे मुझसे क्या चाहिए..!!
 - शुभम्
*

अक्सर दोहराते है वो हमारी बातें,
पूछने पर कह देते है "नहीं कुछ नहीं"..!!
 - शुभम्
*

10. शायरी उनके लिए...

मैं उस रात पर भी शायरी लिख देता,
अगर तुम नहीं आते तो डायरी लिख देता..!!
- शुभम्

*

चारो तरफ़ खामोशी थी और पास मेरे वो बैठे थे,
जाना नहीं चाहते थे फिर भी जाने की कहते थे..!!
- शुभम्

*

तुम जहां से कबके गुजर गए,
मैं अब भी वही पर बैठा हूं..!!
- शुभम्

*

सरेआम छुपाया था उसने मुझे अपनी बाहों में,
मैं उसकी ऐसी मोहब्बत से आज भी हैरान हूं..!!
- शुभम्

*

11. शायरी उनके लिए...

तुम्हारी खुशबू से इस कदर महका हूं,
वो भंवरा भी मुझे फूल समझ बैठा...!!
  - शुभम्

*

वो तन्हा करके कहते है,
तुम तन्हा क्यू रहते हो..!!
  - शुभम्

*

सपने में आए थे मिलने,
वो रंग लगा कर चले गए..!!
  - शुभम्

***

ए चांद तू इस कदर ना इतरा,
बदन पर दाग़ तो तेरे भी है..!!
  - शुभम्

*

12. शायरी उनके लिए...

सरेआम कहा था जिसने नफ़रत है तुमसे,
उसी ने नशे में हमसे इश्क़ फ़रमाया...!!
 - शुभम्
*
इन आंखों से पूछो मेरी बेतहाशा मोहब्बत की,
रात सोने के बाद भी सुबह लाल दिखाई देती है..!!
 - शुभम्
*
अक्सर सजाया है मैने खुदको रातों में भी,
तेरे आने की उम्मीद मुझे सपनों में भी है...!!
 - शुभम्
*
वो पढ़ते रहे अल्फ़ाज़ किताबों से हमारे,
हम उन्हीं अल्फाजों से महफिलें सजा आए..!!
 - शुभम्
*

13. शायरी उनके लिए...

मोहब्बत के सारे फसाने लिखने की बोला था,
उन्होंने खाली पन्ने पर मेरा नाम लिख दिया...!!
  - शुभम्

*

बड़ी सिद्धत से सुनाते है वो अपनी प्रेम कहानी,
शायद उनको पता नहीं हमें भी उनसे इश्क़ है...!!
  - शुभम्

*

नहीं समझ पाया मैं उसका मुस्कुराना,
उसका छत पर आना उसके इश्क़ का ऐलान था..!!
  - शुभम्

*

मुझे तुम भी ना मिले,
मैंने खुदको भी खो दिया..!!
  - शुभम्

*

14. शायरी उनके लिए...

तुझे पाकर भूल जाना मेरे बस में नहीं,
तुझे भूल जाने का वादा मुझसे मुकम्मल नहीं होगा..!!
- शुभम्
*
बड़े शौक से इतरा रही थी आग अपने तेज़ पर,
मैं उसके उसी तेज़ पर पानी फ़ैक आया..!!
- शुभम्
*
कैसे ना हो गुरूर मुझे अपने इश्क़ पर,
आखिर मैने जिसे चाहा,
खुद खुदा ने उसे छीना है...!!
- शुभम्
*
ये वक्त वक्त की बात है...
किसी ने नहीं खरीदा मुझे मिट्टी के दाम में,
अब कम पड़ गए है हीरों के भाव भी..!!
- शुभम्
*

15. शायरी उनके लिए...

ये वक्त वक्त की बात है...
किसी ने नहीं खरीदा मुझे मिट्टी के दाम में,
अब कम पड़ गए है हीरों के भाव भी..!!
 - शुभम्
*

विश्वास के ऊपर दिल किराए पर दिया था,
तुम तो इसे अपनी हो जायदाद समझ बैठे..!!
 - शुभम्
*

जिसमें मुझसे कहा था मुझसे इश्क़ है तुमसे,
वो सर झुकाए बेठे है गेरों की बांहों में...!!
 - शुभम्
*

16. शायरी उनके लिए...

मुझे इश्क़ हो ये ज़रूरी नहीं,
कुछ अपने ही मुझे समझ लें बस इतना ही काफ़ी है..!!
 - शुभम्

*

जिससे प्यार था उस पर ही मैं चाय फैंक आया,
तुझसे तो नफ़रत है सोच तेरा क्या हस्र होगा..!!
 - शुभम्

*

बयां कर दी मैंने अपनी सारी हकीकत,
आइने में बैठा वो शख़्स बहुत रोया..!!
 - शुभम्

***

17. शायरी उनके लिए...

मैं बता भी दू अगर...
तो तुम कहां समझ जाओगे..!!
 - शुभम्
*
हार गया वो शख़्स मेरी जुस्तजू के सामने,
जो मुझसे मोहब्बत के वादे किए करता था..!!
 - शुभम्
*
कई शामे गुज़र गई,
कई रातें बाकी है..!!
 - शुभम्
*
वैसे तो कई तरीके है बर्बाद होने के,
एक तरीका यह भी है कि इश्क़ हो जाए..!!
 - शुभम्

18. शायरी उनके लिए...

लोग पूछते है शायरी किनके लिए,
जो मिले नहीं है शायरी उनके लिए..!!
  - शुभम्

*

वो करते है बेवफ़ाई,
और कहते है बेवफ़ा..!!
  - शुभम्

*

ये शायर भी दरिंदे है,
बदनाम कर दी मोहब्बत को..!!
  - शुभम्

*

ग़ज़ब का रंग था उसके हाथो के मेहंदी में,
उसने सबसे छुपाकर मेरा नाम लिख रखा था..!!
  - शुभम्

*

जिक्र ना किया करो अपनी शायरी में मेरा,
ये लफ़्ज़ों के कैदखाने पसंद नहीं मुझे..!!
  - शुभम्

*

19. शायरी उनके लिए...

साथ फेरों से बने रिश्ते में उलझन है,
चाहतों का इश्क़ है केसे मुकम्मल हो ..!!
  - शुभम्

*

चांद और सूरज को भी इश्क़ हो जाय,
पता तो चले क़यामत क्या चीज़ है...!!
  - शुभम्

*

सबर इतनी की तेरे बिन एक उम्र गुजरा दू,
तलब इतनी की तेरे बिन एक पल कटे ना मेरा..!!
  - शुभम्

*

ख्वाहिशों का कैदी हूं,
जुर्म मेरा इश्क़ है..!!
  - शुभम्

*

तुम्हारी यादों को कैद कर रखा है,
तुम आओ तो रिहा करू इन्हे..!!
  - शुभम्

*

20. शायरी उनके लिए...

तुझसे इश्क़ कुछ इस तरह जताना है,
सीने से लिपटकर तुझे होटों से लगाना है..!!
 - शुभम्

*

किसी को धोका देने से अच्छा है,
हम वोट देकर आ जाए...!!
 - शुभम्

*

अपने जिस्म की तलब तो मिटा ली तुमने,
अपनी रूह की ख्वाइशों का क्या करू मैं...!!
 - शुभम्

*

इश्क़ फिर तवायफ फिर कहती रही उम्र भर,
मिटाऊं कैसे लागा चुनरी में दाग़..!!
 - शुभम्

*

दर्दनाक रही होगी उसके प्रसव की पीड़ा,
आखिर वो मां बनी उम्र सोलह में थी..!!
 - शुभम्

***

21. शायरी उनके लिए...

गुज़ार दिए कई दिन मेरी परवरिश में,
वो मां ही थी जिसने मुझे संवारा है हर बार..!!
- शुभम्
*
फैसले भी हो गए सरकारी भी बदल गई,
जो दरिंदे ना बदले तो नहीं बदला कुछ..!!
- शुभम्
*
जिसकी उंगली पकड़कर चलना सीखा था मैने,
आज उसी के हाथों में कई छाले देखे है..!!
- शुभम्
*
ईद-ए-इफ्तार पर बुलाया है तुमने,
अब दावत-ए-इश्क़ तो करना ही होगा..!!
- शुभम्
*
मत कर दुआ की मेरी हर ख्वाहिश पूरी हो,
"तुम मेरे हो जाओ", मेरी एक ख्वाहिश यह भी है...!!
- शुभम्
*

22. शायरी उनके लिए...

टूटा जो तारा तो देखा मैने,
उस भी तोड़ा किसी अपने ने था..!!
 - शुभम्

*

अगर मेरे सारे गुनाहों की सज़ा तेरा इश्क़ हो,
तो कबूल है वो जुर्म भी जो मैने कभी किए नहीं..!!
 - शुभम्

*

गरीब हूं...साहेब!, भिखारी नहीं..!!
 - शुभम्

*

नींद से इतने ताल्लुकात नहीं रखते,
अक्सर सोने वाले ही तबाह होते है..!!
 - शुभम्

*

मेरी किस्मत की किताब से एक पन्ना फट गया है,
तेरा लोटकर आना शायद उसी पन्ने पर लिखा था..!!
 - शुभम्

*

मेरी ख़ामोशी भी समझ लेते थे वो,
अब मैं चिल्लाऊं भी तो उन्हें सुनाई नहीं देता..!!
 - शुभम्

*

कहते है...
जहां अपमान हो वहां से चले जाना चाहिए,
अब अपने ही घर से कहां जाऊं मैं...!!
 - शुभम्
*
तंग करती है तुम्हारी ये जुल्फ़ें,
तुम अपने सर पर ताज पहन करो..!!
 - शुभम्

23. शायरी उनके लिए...

*

चांद दूर रहकर अपने दाग़ छुपा रहा है,
और यहां हर शायर उसमें अपना महबूब बता रहा है..!!
 - शुभम्

*

बेवजह से इल्ज़ाम ना लगा ऐ जिंदगी,
किया ना जो जुर्म वो खता कर गुजरुंगा..!!
 - शुभम्

*

यादों की झुलमिलती परछाइयों के दिन,
कटते नहीं है तन्हा तन्हाइयों के दिन..!!
 - शुभम्

*

आज पी है मैंने अपने हिस्से की चाय,
तुम होते तो एक हिस्सा तुम्हारा भी होता..!!
 - शुभम्

*

कभी धीरे से मुस्कुराती है कभी चिल्लाती है मुझ पर,
वो मां हे साहेब! ऐसे ही हक जताती है मुझ पर..!!
 - शुभम्

*

मेरे अपनो ने ही बर्बाद कर दिया मुझे,
और लोग समझते है मैने इश्क़ किया होगा..!!

शुभम् साहू

- शुभम्

24. अधूरी ख्वाहिशें....

सारे शहर को छोड़कर एक मेरा घर तबाह हुआ,
वो सारे शहर से गुजरे एक मेरा घर छोड़कर...!!
- शुभम्
*
कमरे में बंद होकर रोना है मुझे,
सरेआम रोया तो लोग वजह पूछ लेंगे..!!
- शुभम्
*
लोगो ने लाखों का चड़ावा मंदिरों में चडा दिया,
एक बच्चा भूखा ही सो गया मंदिर के सामने..!!
- शुभम्
*
मैं छोड़ आऊंगा अपनो की बंदिशों को,
तुम दिल से आवाज़ लगाकर तो देखो..!!
- शुभम्
*
तलब कहते है जिस्म की,
तलबदार हूं मैं रूह का..!!
- शुभम्
*
ग़रीबी का अब कोई मोल नहीं होता,
बरसात का पानी भी गरीबी ला देता है..!!

- शुभम्

*

25. अधूरी ख्वाहिशें....

तश्वर-ए-मुलाकातें तो होती रहेगी उम्र भर,
वो पास ठहर जाए तो मान लेना इश्क़ है..!!
- शुभम्
*
सोचा था उम्र भर ख़ामोश रहूंगा,
मसला ये मोहब्बत का बदनाम कर गया...!!
- शुभम्
*
मुझे आंखें पड़नी थी उनकी,
वो नज़रे झुकाए खड़े रहे..!!
- शुभम्
*
तकल्लुफ ही कर लेते मुझे अपने साथ रखकर,
यूं दरिया में डुबाने की जरूरत ही क्या है..!!
- शुभम्
*
जब ना थी मोहब्बत तो सामने आते थे,
अब मोहब्बत हो गई तो दिखते भी नहीं..!!
- शुभम्
*

26. अधूरी ख्वाहिशें....

थोड़ा दर्द और दो मुझे रोना है बहुत,
ये आंख से आंसू है कि झलकते ही नहीं...!!
 - शुभम्

*

बदनाम कर दिया जिन्हें तुमने शायरी में बेवफ़ा लिखकर,
वो क्या लिखे तुम्हें अख़बार में तुम्हारी दरिंदगी पढ़कर...!!
 - शुभम्

*

मुझसे मिन्नते करने वाले ये जो शख़्स दिख रहे है ना,
अभी कल ही मुझे दरिया में फैंक आएंगे ये...!!
 - शुभम्

*

जिम्मेदारियों ने ख्वाहिशों को मार दिया है,
ये खुदा है कि इनपर कार्यवाही नहीं करता..!!
 - शुभम्

*

तीन कबूल कह देने से तुम मेरे नहीं हो सकते,
तो तीन तलाक से रिश्ते आखिर टूट केसे जाते है..!!
 - शुभम्

***

27. अधूरी ख्वाहिशें....

उनके होठों से लगी शराब पी थी मैने,
इन लबों को नशा फिर से वही करना है..!!
 - शुभम्

*

शायरी फिंकी लगी उनके हुस्न के आगे,
वो महफ़िल में उस रात मुझे पहन आए थे..!!
 - शुभम्

*

उम्र-ए-क़ैद गुज़ार दूं मैं तेरी यादों में,
बस तेरी यादों को मेरी सांसों से हर बार गुजरना होगा..!!
 - शुभम्

*

मेरे अपने है शहर की वारदात थी वो,
उसके होने का एहसास तो आज भी है मुझे..!!
 - शुभम्

*

मांगने आया जब खुदा भी हाथ मेरा,
कहकर तुम्हारा हूं उसे नहीं इंकार किया..!!
 - शुभम्

*

28. अधूरी ख्वाहिशें....

वो अंधेरे में चला गया तन्हाई के लिए,
रोशनी में परछाई ने पीछा जो किया..!!
 - शुभम्
*

तुम आओ तो सही,
मैं जाने नहीं दूंगा..!!
 - शुभम्
*

सहमा सा रहता है हर मुसाफ़िर इस शहर का,
जैसे बरसों से किसी ने लोकतंत्र नहीं देखा..!!
 - शुभम्
*

केसे ना हो दर्द ये जानकर भी मुझे,
जिसे चाहा था बेइंतेहा उसके हाथों में मेहंदी है..!!
 - शुभम्
*

मिरी आंखें भी हैरान है मिरी इस आदत से,
मैं रोने की हद तक जाकर लोट आता हूं..!!
 - शुभम्
*

29. अधूरी ख्वाहिशें....

अब ना गुजरेंगे तेरी गलियों से,
लड़खड़ाते पैर संभल से गए है..!!
 - शुभम्

*

लगता है तुमको नाराज़ हूं मैं,
नाराज़ नहीं बस ख़ामोश हूं मैं..!!
 - शुभम्

*

बचपन में खिलने की तालीम बड़ी थी,
अब ये उम्र मुझे खुलकर हसने भी नहीं देती..!!
 - शुभम्

*

ज़रूरी नहीं हर शायर मोहब्बत-ए-दीवाना हो,
कोई अपनो से टूटा होता है...
कोई अपने में टूटा होता है..!!
 - शुभम्

*

मैं कहीं बार लोट आया,
अब तो जाने दो मुझे...!!
 - शुभम्

*

आदि हो चुका हूं इन दर्दो का इतना,
कोई मरहम भी लगाए तो ज़ख्म लगता है..!!

शुभम् साहू

- शुभम्

***

30. अधूरी ख्वाहिशें....

पिता की लाज़ रखी और बेटी बहुरानी बन गई,
उसकी नज़रों में बेवफ़ा,पूरे शहर में खानदानी बन गई..!!
 - शुभम्

*

गुज़र जाने दो मंजिल को,
मुझे सफ़र में ही रहना है...!!
 - शुभम्

*

इश्क़ अगर मुकम्मल होता,
तो राधा आज रुक्मणि होती..!!
 - शुभम्

*

वक़्त नहीं लगता इन्हे बदलने में साहेब,
ये मौसम और मोहब्बत दोनों एक जैसे है..!!
 - शुभम्

*

लौटकर नहीं आता है जाने वाला साहेब,
मेरा बचपन भी अब तक लौटकर नहीं आया..!!
 - शुभम्

31. अधूरी ख्वाहिशें....

*
बिन बदनामी का नशा किया करता हूं,
शराब नहीं मैं चाय पीया करता हूं..!!
  - शुभम्
*
दुआ में एक उम्र गुज़ार दी मौत के लिए,
और कोई फिर दुआ से लंबी उम्र कर गया..!!
  - शुभम्
*
बहुत ही करीब रहता है मुझे चाहने वाला कोई,
मेरे ख्वाब मुकम्मल होने में अब देर नहीं लगती..!!
  - शुभम्
*
यूं उछल कर मेरे कुल्हड़ में जा गिरी,
ये चाय भी तेरी यादों जैसी है...!!
  - शुभम्
*
मजहब बदल कर बैठा रहा रात भर जिसके लिए,
वो शख़्स किसी और के लिए मजहब बदल बैठा..!!
  - शुभम्

32. अधूरी ख्वाहिशें....

नहीं बताता में अपना दर्द किसी को,
पता है मुझे कोई समझ नहीं पाएगा...!!
- शुभम्

*

मुझे भी रिहाई दिला दो साहेब!,
अपनो की ख्वाहिशों का कैदी हूं मैं..!!
- शुभम्

*

परेशान हो चुका हूं अपनी ही ख्वाहिशों से,
थोड़ा सा जहर मुझे भी पीला दो..!!
- शुभम्

*

कुछ इस कदर मेरा हाथ थाम रखा था उसने,
जैसे मेरे ख्वाबों को कोई मुकम्मल करने आया हो..!!
- शुभम्

*

निगाहें पलट ली मैने उसकी अदाएं ना देखी,
वो पागल सा शख़्स मुझे मदहोश करने आया था..!!
- शुभम्

*

नहीं थी मोहब्बत मुझे तुमसे ऐ सनम,
नजदीकियों के चलते तुम आदत बन गए..!!
- शुभम्

शुभम् साहू

***

33. इश्क़ लफ़्ज़ों में...

भाग 1

तेरे हिस्से की मेरी सारी दुआएं कबूल हो जाएगी,
तू मेरे हिस्से में पहले एक दुआ करके तो देख..!!
 - शुभम्
*

वो अच्छे है...,वो... अच्छे.. हैं,
अरे वो अच्छे है तो मैं बुरा थोड़ी हूं,
वो तो चांद है मैं सूरज थोड़ी हूं..!!
  - शुभम्
*

तुमने जो बात बोली घर कर गई दिल में,
फिर उस बात पर बहुत लिखा मैने..!!
 - शुभम्
*

तलब ऐसी लगाई उसने,
सबब अदाओं का भूल गया मैं..!!
 - शुभम्
*

बात यह नहीं कि वो पसंद है मुझे,
बात... यह नहीं ... की वो पसंद है मुझे...,,
उन्हें देखकर में तड़प सा जाता हूं...!!
 - शुभम्
*

ख़्याल उसका मेरे जहन में कब से है,
बता दिया ये भी उसे ख्यालों में मैने..!!
 - शुभम्
*

34. इश्क़ लफ़्ज़ों में...

खुदा के दफ़्तर में नौकरी लगवा दो मेरी,
उनकी हर दुआ पर आमीन कहना है मुझे..!!
 - शुभम्

*

इश्क़ था उससे वो नज़र से उतर गया,
जिंदा है वो शख़्स, मेरे जहन में मर गया..!!
 - शुभम्

*

लोग तुम्हे भूलने की सदाएं देते है ऐसे,
तुम्हे याद करने के लिए एक उम्र पड़ी हो जैसे..!!
 - शुभम्

*

गजलें कत्ल करती है मालूम नहीं था,
एक शख़्स काफ़िर नाजमी* होकर मर गया..!!
 - शुभम्

*

मुझसे पूरी नहीं होगी मेरी ख्वाहिशें,
इन ख़्वाबों से कह दो कि मार दे मुझे..!!
 - शुभम्

35. इश्क़ लफ़्ज़ों में...

उसको मालूम ही नहीं वो किस मजहब का है,
और लोग उसके शौक में धर्म जताते है..!!
 - शुभम्

*

उसने हर दफा नज़रें रखीं है मुझ पर,
मैंने तिरछी निगाहों से देखा है उसे..!!
 - शुभम्

*

उससे कह दो कि को भी करले मुझसे इश्क़,
किसी की रहा बदलने में ज़रा सी देर लगती है..!!
 - शुभम्

*

अपना शहर बदल लूं या छिप जाऊं कहीं,
वो मेरा शहर छोड़ कर हर शहर से गुजरते है..!!
 - शुभम्

नाजमी= ग़ज़ल लिखने वाला

***

36. इश्क़ लफ़्ज़ों में...

मुझे घर जाने की तलब लगी थी,
उसने देर करने की हद कर दी..!!
 - शुभम्
*

नज़रें फेर कर बेठे रहे पास मेरे ही,
ऐसी नाराज़गी कभी देखी है कहीं..!!
 - शुभम्
*

मैं कृष्ण रंग में रंगने लगा,
वो मीरा सी पागल हो गई..!!
 - शुभम्
*

थोड़ी सी गुफ्तगू और जान मांग बैठा,
ऐसा भी शख़्स कभी देखा है कहीं..!!
 - शुभम्
*

तकल्लुफ ना करो मुझे अपनी जान कहकर,
मर गया वो शख़्स जिसके आश्ना* थे तुम..!!
 - शुभम्

37. इश्क़ लफ़्ज़ों में...

एक ज़ख्म ऐसा लगा ऐ जिंदगी,
मुलाकात-ए-मौत से मुकम्मल हो जाए..!!
  - शुभम्

*

मदहोश हुए बेठे थे बांहों में उनकी,
आया जब होश तो तन्हा थे हम..!!
  - शुभम्

*

जर जर करके ढह गया वो घर पुराना सा,
किसी से मिलने से बिछड़ने तक की यादें थी उसमें..!!
  - शुभम्

*

उसने देर तलक देखा,
मैंने नज़रें ही झुका ली..!!
  - शुभम्

*

ये कब, कैसे और क्या हो गया,
लो मुझे भी तुमसे इश्क़ हो गया..!!
  - शुभम्

38. इश्क़ लफ़्ज़ों में...

परखा था मेरी आंखों ने उसे,
अब जाहिर है मेरी रग रग से वो..!!
 - शुभम्
*
मेरे शौक अजीब है,
तो मर जाऊं क्या..??
 - शुभम्
*
हुआ जो अब भूल जाने दो मुझे,
रिश्तों की रांजिशें अब याद नहीं रहती..!!
 - शुभम्
*
परखने आया था एक शख़्स करीब इतना,
बनकर एहसास जहन में ही उतर गया...!!
 - शुभम्
*
तुम समझ भी पाओगे मेरी हक़ीक़त,
मैंने आइने से भी कहीं दफा झूठ ही बोला है..!!
 - शुभम्

39. इश्क़ लफ़्ज़ों में...

तन्हा गुज़ार दी ये उम्र सारी लेकिन,
एक बार आकर कह दो तुम सिर्फ मेरे हो..!!
 - शुभम्

*

मैंने कांच के सपने देखे थे,
एक दिन तो तिड़कने थे..!!
 - शुभम्

*

उसके नाम से बुलाओ एक बार मुझे,
फिर खुदको भूल जाने को राज़ी हूं मैं..!!
 - शुभम्

*

आंखों पर सूरमा माथे पर बिंदी लगाकर बैठी है,
वो अपने घर के दरवाज़े पर आइना लगाकर बैठी है..!!
 - शुभम्

*

अगर शिकायतें रोज़ होती,
तो फिर मोहब्बत नहीं होती..!!
 - शुभम्

40. इश्क़ लफ़्ज़ों में...

वो मेरा इश्क़ पहन लेती है,
श्रृंगार नहीं करती..!!
 - शुभम्
*
मुरादें पूरी हुई जिस मूरत से सबकी,
खंडित कहकर बाद में उसे भी फैंक आए..!!
 - शुभम्
*
शायरी का मंजर नहीं तंग करने लगा है,
वो तो मेरी हर बात पर तोबा कहते है...!!
 - शुभम्
*
उम्र-ए-लिहाज़ इस कदर बड़ गया,
हर दिन शनिवार सा लगता है मुझे..!!
 - शुभम्
*
छोड़ कर उसे आज ऐसा लगा,
रूह ने जिस्म उतार फेंका हो जैसे..!!
 - शुभम्

41. इश्क़ लफ़्ज़ों में...

दिल का भी अबॉर्शन करवा दो मेरे,
कुछ ख्वाहिशें यहां मरी पड़ी है..!!
 - शुभम्

*

यूं मेरे शहर से गुजरकर मुझे बदनाम किया,
अब मुझे भी उनके शहर का पता चाहिए..!!
 - शुभम्

*

तुम्हारा पास बैठ जाना और धीरे से मुस्कुराना,
अच्छा लगता गए मेरा रूट जाना और तेरा मुझे मनाना..!!
 - शुभम्

*

मैं पसंद हूं उन्हें,किसी और ने कहा है..!!
 - शुभम्

*

अल्फाजों से निकलकर तुम मुझे छूना चाहते हो,
क्या फिर से तुम मुझे बदनाम करना चाहते हो..!!
 - शुभम्

*

एक बार फिर आए हो गणपति,
जाओ जब मुझे भी साथ ले जाना..!!
 - शुभम्

42. इश्क़ लफ़्ज़ों में...

मुझे भी दफ्न कर दो उसके साथ उसकी कब्र में,
मगर यूं सरेआम बेवफ़ा होने का इल्ज़ाम ना दो..!!
 - शुभम्

*

अभी तो आए थे अभी जाना भी है,
खैर छोड़ो मुझे भी साथ ले चलो..!!
 - शुभम्

*

थोड़ा सा जहर ले आओ कहीं से,
मैंने सारी ख्वाहिशों को दावत पर बुलाया है..!!
 - शुभम्

*

शायर का सफ़र तो इश्क़ से होता है,
मगर एहसास शहीदों के लहू का होता है..!!
 - शुभम्

***

www.ingramcontent.com/pod-product-compliance
Lightning Source LLC
LaVergne TN
LVHW041547060526
838200LV00037B/1177
* 9 7 8 1 6 4 8 5 0 0 6 6 4 *